So wird es gemacht:

Öffne das miniLÜK®-Kontrollgerät und lege die Plättchen in den unbedruckten Deckel.
Jetzt kannst du auf den Plättchen und im Geräteboden die Zahlen 1. bis 12. sehen.

Wenn du das bei der Übungsreihe abgebildete Lösungsmuster siehst, hast du alle Aufgaben richtig gelöst.

Beispiel: Seite 2

Nimm das Plättchen 1. und sieh dir Aufgabe 1 an.
Welcher Junge ist Anton? Du erkennst ihn am Fußballshirt.
Lege nun die 1. auf die 2 im Kontrollgerät. Die Zahl 1 muss nach oben zeigen.

So arbeitest du weiter, bis alle Plättchen im Geräteboden liegen. Schließe dann das Gerät und drehe es um. Öffne es von der Rückseite.

Passen einige Plättchen nicht in das Muster, dann hast du dort Fehler gemacht. Drehe diese Plättchen da, wo sie liegen um und öffne es wieder. Jetzt kannst du sehen, welche Aufgaben du falsch gelöst hast. Nimm diese Plättchen heraus und suche die richtigen Ergebnisse. Kontrolliere dann noch einmal. Stimmt jetzt das Muster?

Das System ist für alle Übungen gleich: Die roten Aufgabennummern im Heft entsprechen immer den miniLÜK-Plättchen aus dem Kontrollgerät. Die Feldzahlen bei den Lösungen sagen dir, auf welche Felder im Kontrollgerät die Plättchen gelegt werden.

Und nun viel Spaß!

Wir sind die Klasse 4 a

(Kurze Texte)

Findest du die richtige Person?

1 Anton ist neu in der Klasse.
Er kommt aus Polen. Sein Hobby ist Fußball.
Bayern München ist seine Lieblingsmannschaft.

2 Lena ist neun Jahre alt.
Sie geht gern in die Schule.
Ihr Lieblingsfach ist Musik.

3 Anouk lebt seit zwei Jahren in Deutschland.
Sie spricht sehr gut Deutsch.
Man sieht sie nie ohne ein Buch – sie liest sehr gern.

4 Max geht gern in die Klasse 4 a.
Er ist immer fröhlich und alle Kinder mögen ihn.
Max trägt eine lustige rote Brille.

5 Simon ist zehn Jahre alt.
Heute geht es ihm nicht so gut –
Simon hat Schnupfen und Halsweh.

6 Frau Winter ist die Klassenlehrerin.
Sie unterrichtet Deutsch und Sport in der 4 a.
Sie ist sehr nett und hilfsbereit.

7 Karla ist die Klassensprecherin der 4 a.
Sie geht gern in die Schule und möchte einmal Lehrerin werden.
Am liebsten trägt Karla Röcke und Kleider.

8 Der Junge mit der Kappe ist Jakob.
Er ist zehn Jahre alt.

9 Tims Lieblingsfach ist Englisch.
Er möchte noch viele andere Sprachen lernen.

10 Paula gefallen in der Schule die Pausen am besten.
Dann kann sie mit ihren Freundinnen auf dem Schulhof
Seil springen.

11 Ron geht nicht so gern in die Schule.
Viel lieber spielt er Fußball, klettert auf Bäume
oder fährt mit seinem Fahrrad.

12 Für den Sachunterricht hat Lisa heute
ihr Kaninchen in den Unterricht gebracht.
Sie freut sich, dass es mit auf dem Bild zu sehen ist.

Wer ist das?

(Relativsätze)

Mit einem Relativsatz beschreibst du das Nomen genauer.
Du musst darauf achten, welcher Artikel zum Nomen gehört:

Wie heißt **der Mann**, der im Supermarkt arbeitet?
Wie heißt **die Frau**, die vor der Schule steht?
Wie heißt **das Kind**, das auf dem Spielplatz spielt?
Wie heißen **die Hefte**, **die** wir für den Unterricht brauchen?

Der Relativsatz kann auch mitten im Satz stehen.
Der Relativsatz wird mit Kommata abgetrennt:

Der Mann, der im Supermarkt arbeitet, heißt Herr Simon.
Die Frau, die vor der Schule steht, wartet auf ihre Tochter.
Das Kind, das auf dem Spielplatz spielt, kenne ich nicht.
Die Hefte, **die** wir für den Unterricht brauchen, liegen hier.

Wie geht der Satz weiter?

1	Wie heißt der Junge,	die du gestern so schnell aufgegessen hast? 5
2	Wie heißt die Schokolade,	das wir letzte Woche in Deutsch gelesen haben? 8
3	Wie heißt der Film,	die wir im Vertretungsunterricht hatten? 10
4	Wie heißt die Lehrerin,	der mit uns auf dem Spielplatz war? 9
5	Wie heißt das Buch,	das wir neulich im Sportunterricht gespielt haben? 6
6	Wie heißt das Spiel,	den du im Kino sehen möchtest? 2

Welches Relativpronomen fehlt hier?

7 Ich esse gern das Eis, ___ meine Oma macht.

8 Der Mann, ___ im Blumenladen Blumen kauft, ist mein Onkel.

9 In dem Schwimmbad, in ___ wir Schwimmunterricht haben, sind immer viele Menschen.

10 Die Lehrerin, ___ uns in Mathe unterrichtet, ist ganz neu an der Schule.

11 Die beiden Jungen, ___ Namen ich nicht kenne, sind sehr nett.

12 Den Pulli, ___ ich bei dir vergessen habe, habe ich zum Geburtstag bekommen.

der 11 | die 3 | deren 7 | das 4 | dem 1 | den 12

Was machst du?

(Satzbau)

In einem *Aussagesatz* steht das Verb an zweiter Stelle:
Der Mann **kauft** ein Buch.

Bei einer *Frage, die du mit ja oder nein beantwortest*,
steht das Verb an erster Stelle:
Kauft der Mann ein Buch?

Wenn ein *Nebensatz* gebildet wird, stellst du das Verb an die letzte Stelle:
Mir gefällt das Buch, das der Mann **kauft**.

Wie heißt die passende Frage?

1	Ich esse gern Kuchen.	Trainieren sie jeden Tag? 8
2	Du liest gern Krimis.	Spielen wir gern auf dem Spielplatz? 4
3	Mama strickt gern Socken.	Guckt ihr gern Sportsendungen? 12
4	Wir spielen gern auf dem Spielplatz.	Strickt Mama gern Socken? 6
5	Ihr guckt gern Sportsendungen.	Esse ich gern Kuchen? 3
6	Sie trainieren jeden Tag.	Liest du gern Krimis? 1

Wenn du in einem Aussagesatz eine Zeitangabe machst, bleibt das Verb an der zweiten Stelle:
Am Vormittag **kauft** der Mann ein Buch.
Der Mann **kauft** am Vormittag ein Buch.
Der Mann **kauft** ein Buch am Vormittag.

Wie heißt der passende Satz mit Zeitangabe?

7 Ich habe Blockflötenunterricht.
8 Ich besuche meine Oma und meinen Opa.
9 Ich gehe in den Zoo.
10 Ich bin oft müde.
11 Ich muss Deutsch üben.
12 Ich stehe nicht gern früh auf.

Jedes Wochenende besuche ich meine Oma und meinen Opa. 7

Sonntags stehe ich nicht gern früh auf. 2

Mittags bin ich oft müde. 9

Ich übe jeden Tag Mathe. 6

Am Montagnachmittag habe ich Blockflötenunterricht. 10

Einmal im Jahr gehe ich in den Zoo. 11

Abends bin ich nie müde. 3

Ich gehe jede Woche ins Museum. 8

Meine Tante besuche ich jedes Wochenende. 12

Jeden Tag muss ich Deutsch üben. 5

Mein Tag

(Leseverstehen)

Mein Tag

In der Woche muss ich jeden Tag um 6.30 Uhr aufstehen.
Das ist sehr früh und ich bin immer müde.
Ich gehe ins Badezimmer, dusche mich und ziehe mich an.
Danach esse ich mit meiner Familie Frühstück.

Nach dem Frühstück gehe ich zur Schule.
Meistens holt mich meine Freundin ab.
Am Vormittag bin ich in der Schule.
Ich gehe gern in die Schule. Ich habe eine sehr nette Klasse.
Wir lernen viel und in der Pause spielen wir gemeinsam.

Mittags esse ich mit meinen Freunden in der Kantine.
Das Essen ist okay – Mama kann besser kochen.

Meine Hausaufgaben mache ich nachmittags in der Schule.
Am Dienstag und am Donnerstag gehe ich nachmittags
auch zum Schwimmtraining. Das macht Spaß.
Am Wochenende habe ich manchmal einen Wettkampf.

Abends sehen wir nach dem Abendbrot oft noch einen Film
oder ich spiele mit meiner Schwester und meinem Bruder ein Spiel.
Manchmal spielt Mama auch mit.

Um 20.00 Uhr gehe ich ins Bett.
Ich lese dann immer noch ein bisschen.
Wenn ich nachts aufwache, finde ich es manchmal unheimlich.
Die Schatten sehen aus wie Gespenster.
Aber meistens schlafe ich durch.

Am Wochenende schlafe ich immer viel länger.
Das ist herrlich, wenn kein Wecker klingelt.

Findest du die passende Antwort?

1	Wann stehst du auf?	Ja, meine Klasse ist nett. 2
2	Was macht du nach dem Anziehen?	Nach dem Abendbrot sehe ich oft einen Film. 5
3	Gehst du allein zur Schule?	Nein, ich lese immer noch ein bisschen. 3
4	Gehst du gern in die Schule?	Ich esse in der Kantine Mittag. 12
5	Ist deine Klasse nett?	Um 6.30 Uhr. 11
6	Was machst du in der Pause?	Das Essen in der Kantine ist okay. 4
7	Wo isst du Mittag?	Ich frühstücke mit meiner Familie. 10
8	Schmeckt das Essen?	Nein, meistens holt mich meine Freundin ab. 8
9	Was machst du am Nachmittag?	Um 20.00 Uhr. 7
10	Was machst du abends?	Ja, ich gehe gern in die Schule. 6
11	Wann gehst du ins Bett?	Nachmittags mache ich meine Hausaufgaben. 1
12	Schläfst du sofort ein?	Ich spiele mit den Kindern aus meiner Klasse. 9

Frage ein anderes Kind nach seinem Tag.
Dafür kannst du die Fragen auf dieser Seite nutzen.
Wann stehst du auf? ...

Wo geht's lang?

(Richtungsangaben)

rechts

links

geradeaus

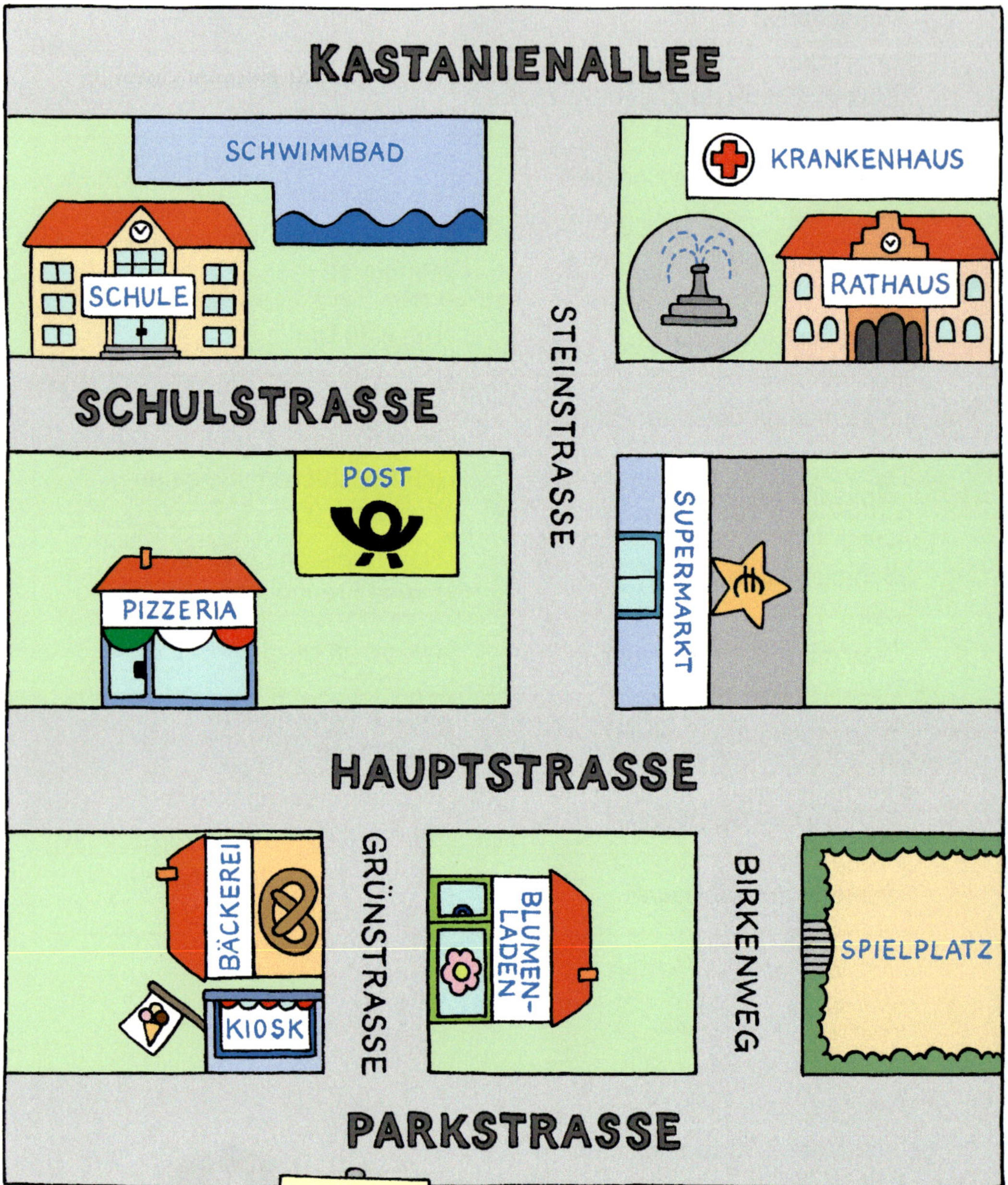

der Platz

der Weg

die Straße

die Allee

die Kreuzung

Wo ist das?

1	Wo ist die Schule?	In der Parkstraße. 2	In der Schulstraße. 7
2	Wo ist der Supermarkt?	In der Steinstraße. 4	In der Grünstraße. 8
3	Wo ist das Schwimmbad?	In der Kastanienallee 12	In der Hauptstraße. 6
4	Wo ist der Spielplatz?	Im Birkenweg. 8	In der Grünstraße. 9
5	Wo ist die Post?	In der Parkstraße. 11	In der Schulstraße. 6
6	Wo ist das Krankenhaus?	In der Hauptstraße. 12	In der Kastanienallee. 3

Wohin kommst du?

7	Du bist am Kiosk in der Parkstraße. Geh geradeaus. Wohin kommst du?	Zum Supermarkt. 7	Zur Bäckerei. 2
8	Du stehst vor der Post und siehst nach links. Welches Gebäude siehst du?	Die Schule. 10	Das Rathaus. 3
9	Du gehst vom Spielplatz nach links. Zu welcher Straße kommst du?	Zur Hauptstraße. 5	Zur Parkstraße. 11
10	Du gehst vom Supermarkt nach rechts in die Schulstraße. Welches Gebäude siehst du auf der linken Seite?	Das Rathaus. 1	Das Krankenhaus. 7
11	Du gehst von der Post nach rechts und biegst an der Kreuzung rechts ab. In welcher Straße bist du?	Im Birkenweg. 8	In der Steinstraße. 5
12	Du gehst vom Schwimmbad nach rechts die Kastanienallee entlang. Zu welchem Gebäude kommst du?	Zum Krankenhaus. 9	Zur Schule. 4

Unterwegs

(Wohin? Wo?)

Wenn du mit „Wohin?“ nach dem Ort fragst, benutzt du den Akkusativ:

Wohin gehst du?
Ich gehe auf **den** Spielplatz.
Ich gehe in **das** Schwimmbad.

Nominativ	*Akkusativ*
der Supermarkt	den Supermarkt
die Bäckerei	die Bäckerei
das Schwimmbad	das Schwimmbad

Wohin gehen die Kinder?

1 Dilek geht auf den Spielplatz.
2 Frau Müller geht in die Schule.
3 Erol und Lian gehen in das Schwimmbad.
4 Du gehst mit deiner Mutter in den Supermarkt.
5 Ich gehe auf den Markt.
6 Carmen und Lena gehen in den Blumenladen.

Wenn du mit „Wo?“ nach dem Ort fragst,
benutzt du den Dativ:

Wo bist du?
Ich bin auf **dem** Spielplatz.
Ich stehe in **der** Bäckerei.

Nominativ	*Dativ*
der Supermarkt	dem Supermarkt
die Bäckerei	der Bäckerei
das Schwimmbad	dem Schwimmbad

Wo sind die Kinder?

7 Paul und Mia sind auf dem Spielplatz.
8 Herr Peter ist im Supermarkt.
9 Die Kinder sind in der Schule.
10 Du stehst vor der Post.
11 Herr und Frau Simon sind in der Pizzeria.
12 Dilek ist im Schwimmbad.

in dem = im

Ich bin krank

(Mini-Dialoge)

Welches Bild passt zum Gespräch?

3

1

Lehrerin: Bist du krank?
Ben: Ja, mein Hals tut weh.

4

2

Carmen: Hast du dir wehgetan?
Lena: Nur ein bisschen.
Mein Knie blutet.

3

Mutter: Heute gehst du nicht in die Schule.
Dein Kopf ist ganz heiß.
Du hast Fieber.
Lian: Aber mir ist ganz kalt.

8

4

Erol: Ich kann nicht zur Schule gehen.
Mein Kopf tut weh.
Vater: Bist du krank?
Erol: Ja. Ich habe auch Halsschmerzen.

2

5

Mutter: Guten Tag. Mein Sohn ist krank.
Er hat Fieber.
Sekretärin: Bitte schreiben Sie eine Entschuldigung.
Mutter: Okay, das mache ich.
Sekretärin: Gute Besserung.

6

Lehrerin: Was ist passiert?
Ben: Ich bin hingefallen.
Jetzt tut mein Arm weh.

6

5

12

7

Arzt: Was tut dir weh?
Carmen: Ich habe Bauchschmerzen.

8

Lena: Ich glaube, ich bin krank.
Mutter: Was fehlt dir denn?
Lena: Ich habe Schnupfen.
Und ich habe Husten.

7

9

Lian: Was ist los?
Paul: Ich habe Zahnschmerzen.
Au, es tut so weh.

10

10

Ärztin: Hast du Schmerzen?
Max: Ja. Mein Fuß tut weh.
Ich kann nicht gehen.

11

Mia: Hilfe. Ich kann nichts mehr sehen.
Ich habe etwas im Auge.
Sara: Müssen wir zum Augenarzt?
Mia: Nein. Kannst du mir helfen?
Sara: Na klar! Aber ich kann nichts sehen.
Ich glaube, es ist alles okay.

1

12

Dilek: Aua, mein Ohr tut so weh.
Mutter: Komm, wir gehen zum Arzt.

11

9

Die Wortmaschine

(Nomen mit -ung und -heit)

Mit der Endung **-ung** kannst du Verben in Nomen verändern:
enden – die Endung
lösen – die Lösung

Alle Nomen, die auf **-ung** enden, sind die-Wörter.

Wie heißt das passende Nomen?

1	verspäten	die Rechnung	4
2	heizen	die Besichtigung	10
3	besichtigen	die Forschung	1
4	reinigen	die Verspätung	6
5	rechnen	die Reinigung	11
6	forschen	die Heizung	8

Welches Wort fehlt im Satz?

7 Wenn du zu einer Party eingeladen wirst, bekommst du eine ?.

8 Wenn jemand eine Geschichte erzählt, hörst du eine ?.

9 Wenn sich der Zug verspätet, meldet man am Bahnhof eine ?.

10 Wenn eine Geschichte verfilmt wird, kann man sich die ? im Kino ansehen.

11 Wenn jemand aus Seenot gerettet wird, wird in den Nachrichten von der ? berichtet.

12 Wenn du weißt, wie du die Aufgabe lösen musst, kannst du die ? schnell aufschreiben.

Verspätung 9 | Einladung 5 | Lösung 7 | Rettung 3 | Verfilmung 12 | Erzählung 2

Mit der Endung **-heit** kannst du Adjektive in Nomen verändern:
schön – die Schönheit
dunkel – die Dunkelheit

Alle Nomen, die auf **-heit** enden, sind die-Wörter.

Wie heißt das passende Nomen?

1	gesund	die Wahrheit	11
2	gemein	die Gesundheit	12
3	sicher	die Klugheit	4
4	wahr	die Sicherheit	7
5	krank	die Krankheit	1
6	klug	die Gemeinheit	3

Welches Wort fehlt im Satz?

7 Wenn du gesund bist, solltest du dich über deine ? freuen.
8 Weil die Schauspielerin so schön ist, spricht jeder von ihrer ?.
9 Im Winter wird es früh dunkel und viele Menschen leiden unter dieser ?.
10 Der Hund lief frei im Park herum und genoss seine ?.
11 Wenn Schüler frech sind, schimpfen die Lehrer über ihre ?.
12 Wenn jemand sehr krank ist, dreht sich vieles nur noch um die ?.

Dunkelheit 8
Krankheit 10
Schönheit 9
Frechheit 2
Gesundheit 5
Freiheit 6

Alltagstätigkeiten

(Nebensätze mit weil und damit)

Ein Nebensatz mit **weil** gibt den **Grund** an, warum etwas gemacht wird oder gemacht wurde:
Ich decke den Tisch,
weil wir frühstücken wollen.

Ein Nebensatz mit **damit** gibt den **Zweck** an, warum etwas gemacht wird oder gemacht wurde:
Ich gieße die Blumen,
damit sie frisch bleiben.

damit oder *weil*? Welches Wort passt?

1	Ich putze die Fenster, ___ sie schmutzig sind.	damit 5	weil 4
2	Sie hängt die Wäsche auf, ___ sie trocknet.	damit 1	weil 9
3	Er saugt Staub, ___ der Fußboden wieder sauber ist.	damit 6	weil 7
4	Wir trocknen ab, ___ unsere Mutter uns darum gebeten hat.	damit 2	weil 3
5	Du gießt die Blumen, ___ die Erde ganz trocken ist.	damit 10	weil 12
6	Ihr wischt Staub, ___ es im Kinderzimmer nicht mehr staubig ist.	damit 2	weil 8

Findest du das passende Satzende?

7 Ich wische oft Staub,
8 Ich räume den Geschirrspüler aus,
9 Ich wische den Fußboden,
10 Ich putze die Fenster,
11 Ich bringe den Müll weg,
12 Ich räume auf,

damit ich wieder hinausschauen kann. 10
weil er ganz klebrig ist. 5
weil ich eine Stauballergie habe. 9
damit der Mülleimer nicht anfängt zu stinken. 11
weil ich das Geschirr brauche. 7
damit meine Mutter nicht mit mir schimpft. 8

Der Löwenzahn

(Sachtext)

Der Löwenzahn gehört zur Familie der Korbblütler.
Die Pflanze wird ca. 10 bis 30 cm hoch.
Die fleischige Pfahlwurzel kann bis zu einem Meter lang werden.
Mit der Wurzel zieht sich die Pflanze Wasser aus dem Boden.
Im Wasser sind auch wichtige Nährstoffe enthalten,
die der Löwenzahn für seine Versorgung benötigt.

Der Stängel des Löwenzahns ist hohl und enthält einen weißen Milchsaft.
Auch die Blätter enthalten diesen Saft.
Die Blätter sind ca. 10 bis 30 cm lang und gezackt.
Sie stehen dicht über dem Boden und sind in Form einer Rosette angeordnet.
In Kombination mit der runden gelben Blüte sind die langen, gezackten Blätter für den Namen der Pflanze verantwortlich.

Die gelbe Blüte des Löwenzahns ist eine sogenannte Scheinblüte.
Sie besteht aus mehr als 100 kleinen Zungenblüten,
die gemeinsam in einem tellerförmigen Körbchen von ca. 3 bis 5 cm zusammengefasst sind.
Die Hauptblütezeit ist von April bis Mai, aber man sieht die Blüten noch bis in den Herbst.
Nach der Blüte bildet sich die Pusteblume. Dabei handelt es sich um Früchte mit einem haarigen Flugschirm, die durch den Wind verbreitet werden.

Aus den gelben Blüten des Löwenzahns kann man honigähnlichen Sirup oder Gelee herstellen. Die jungen Löwenzahnblätter eignen sich für Salat.
Sie schmecken leicht bitter.

die Blüte	7
das Blatt	3
der Stängel	12
die Knospe	2
die Pfahlwurzel	6
die Pusteblume	4

Ergänze die Sätze.

Der Löwenzahn gehört zur Familie der 7 .

Er 8 auf Wiesen, am Straßenrand, in Gärten und in Parks.

Seinen Namen hat der Löwenzahn von seiner runden gelben Blüte und den langen, gezackten Blättern.

Die Blüte 9 aus vielen, vielen Zungenblüten.

Aus ihr kann man Sirup oder Gelee machen.

Die langen, gezackten Blätter werden bis zu 30 cm lang und sind in einer 10 dicht am Boden oberhalb der 11 angeordnet.

Genauso wie der hohle Stiel 12 sie einen weißen Milchsaft.

Aus den jungen Blättern kann man Salat machen.

enthalten 10

wächst 9

Rossette 1

Korbblütler 8

besteht 5

Pfahlwurzel 11

Verloren?!

(Pronomen im Akkusativ)

Mit einem Pronomen kannst du ein Nomen mit seinem Artikel ersetzen:

Der Rucksack ist blau. Er steht neben der Tür.
Die Mütze gehört Mia. Sie hängt an Bens Haken.
Das Handy ist in der Schule verboten. Jetzt klingelt es laut.
Die Kinder laufen wild umher. **Sie** wollen schnell nach Hause.

Wenn du ein Nomen im Akkusativ verwendest, musst du auch das Pronomen im Akkusativ nutzen:

Siehst du den Rucksack? – Nein, ich kann ihn nicht sehen.
Findest du die Mütze? – Ja, ich habe sie gefunden.
Du darfst das Handy nicht mitbringen! – Ich habe es nur aus Versehen dabei.
Die Lehrerin ermahnt die Kinder, leise zu sein. Sie kann **sie** aber nicht beruhigen.

Nominativ oder Akkusativ? Welches Wort passt?

1	Suchst du  ?	er	5	ihn	1
2	Da ist  .	sie	6	es	11
3	Wo ist  ?	er	10	ihn	9
4	Ich finde  nicht.	ihn	2	sie	8
5	Siehst du  ?	er	3	ihn	4
6	Gibst du mir  ?	es	7	sie	6

Ergänze das fehlende Wort

7	Sie sucht ihren Sportbeutel. Sie kann ? nicht finden.	ihn	2	es	1
8	Du hast das Lineal verloren. Deine Freundin hat ? gefunden.	es	5	sie	6
9	Lian hat den Schlüssel in der Hand. Er hat ? lange gesucht.	sie	8	ihn	9
10	Carmen setzt ihre Mütze auf. Sie hat ? endlich gefunden.	es	10	sie	7
11	Ben sucht sein Matheheft. Erol hat ? auch nicht gesehen.	ihn	6	es	3
12	Hast du die Federmappe gefunden? Mia hatte ? auf den Tisch gelegt.	sie	12	ihn	10

Zukunftsträume

(Mini-Dialoge)

Welches Bild passt zum Gespräch?

5

1

Lehrerin: Was möchtest du einmal werden?
Ben: Ich möchte Arzt werden und vielen Menschen helfen.

2

Carmen: Was wirst du in den Sommerferien machen?
Lena: Ich mache mit meiner Familie eine Radtour.
Wir wollen jeden Tag 30 km Fahrrad fahren.

1

3

Mutter: Ich möchte gern, dass du die Hausaufgaben machst.
Lian: Aber ich möchte lieber Fußball spielen.
Mutter: Okay, dann spielst du jetzt eine Stunde Fußball
und danach machst du ohne Meckerei die Hausaufgaben.
Lian: Einverstanden. Erst Fußball, dann Hausaufgaben.

12

4

Erol: Ich möchte einmal LKW-Fahrer werden.
Vater: Bist du sicher? Dann bist du fast nie Zuhause.
Erol: Das stimmt, aber ich sehe auch viel.

5

Klara: Ich möchte gern Polizistin werden.
Jakob: Ist das nicht ein Männerberuf?
Klara: Wieso? Frauen können das auch.

10

6

Lehrer: Was wirst du in den Ferien machen?
Wirst du verreisen?
Ben: Nein, wir werden nicht wegfahren.
Aber mein Vater wird mit mir ein Baumhaus bauen.
Lehrer: Das ist toll. Davon musst du dann erzählen.

9

7

7

2

Koch: Kochen ist nicht nur mein Beruf,
sondern auch mein Hobby.
Es gibt keinen schöneren Beruf.
Carmen: Ich möchte auch gern Köchin werden.
Ich koche nämlich auch sehr gern.

8

8

Lena: Ich weiß nicht, was ich einmal werden möchte.
Mutter: Ich dachte, du wolltest Lehrerin werden.
Lena: Ja, mit Kindern möchte ich gern arbeiten.
Aber das ist bestimmt nicht so einfach.

9

Lian: Feuerwehrmann ist cool.
Paul: Ja, ich möchte auch Feuerwehrmann werden.
Da ist immer viel los: Feuer löschen,
Menschen retten, mit dem Feuerwehrauto durch die
Stadt rasen – das macht bestimmt viel Spaß.

4

10

Max: Mein Traumberuf ist Zahnarzt.
Amir: Oh nein! Das finde ich schrecklich.
Ich habe Angst vor dem Zahnarzt.

11

11

Mia: Ich werde Verkäuferin.
Sara: Was willst du denn verkaufen?
Mia: Am liebsten Kleidung. Auf jeden Fall kein Essen.
Sara: Gute Idee.
Mode ist teuer – vielleicht bekommst du sie dann billiger.

12

3

Dilek: Ich backe gern. Vielleicht werde ich Bäckerin.
Mutter: Wenn du in einer Bäckerei arbeitest,
musst du sehr früh aufstehen.
Dilek: Oje, das mache ich gar nicht gern.
Dann überlege ich es mir noch mal.

6

Bei der Feuerwehr

(Adjektive im Dativ)

Das Nomen steht im Dativ, wenn du mit WEM? danach fragen kannst.

Die Feuerwehr hilft dem alt**en** Mann.
Die Feuerwehr hilft der jung**en** Frau.
Die Feuerwehr hilft dem klein**en** Kind.
Die Feuerwehr hilft **den** frech**en** Ponys.

Adjektive, die zwischen dem Artikel und Nomen im Dativ stehen, haben immer die Endung **-en**.

Vervollständige die Tabelle.

	Nominativ	Akkusativ	Dativ
1	der kleine Junge	den kleinen Jungen	
2	die schöne Frau		der schönen Frau
3	das kluge Kind		dem klugen Kind
4	die schwarzen Katzen	die schwarzen Katzen	
5	der kluge Hund		dem klugen Hund
6	das kleine Pony	das kleine Pony	

den schwarzen Katzen 11
dem kleinen Pony 3
den klugen Hund 7
die schöne Frau 4
dem kleinen Jungen 6
das kluge Kind 1

Setze die fehlenden Wörter ein.

7 Die Feuerwehr fährt mit dem ____ Feuerwehrauto durch die Stadt.
8 Sie müssen ____ am Unfallort sein.
9 Mit dem ____ Martinshorn können alle sie gut hören.
10 Am Unfallort stehen viel Menschen. Ein Mann ist besonders ____.
11 Ein Feuerwehrmann spricht ____ mit ihm. Der Mann steht unter Schock.
12 Mit ____ Handgriffen leisten die Feuerwehrmänner Erste Hilfe.
Zum Glück ist nicht viel passiert.

lauten 8
schnellen 5
ruhig 2
schnell 10
laut 12
geübten 9

Eine Fabel

(Leseverstehen)

Der Löwe und die Maus

(nach Äsop)

1 lag ein Löwe in der Savanne unter einem Baum und schlief.
Eine neugierige Maus kletterte auf ihn.
2 als sie über die Schulter zu seinem Kopf lief,
wachte der Löwe auf.
Mit lautem Gebrüll packte er die Maus und wollte sie fressen,
3 sie ihn in seinem Schlaf gestört hatte.
Aber gerade, als er sein großes Maul öffnete, um die Maus zu verschlucken,
piepste diese: „Entschuldige, König der Tiere.
Ich wollte dich nicht stören. Lass mich laufen!
4 kann ich dir irgendwann einmal helfen."
Darüber musste der Löwe laut lachen –
und er ließ die Maus laufen.
Wie sollte eine kleine Maus einem großen Löwen jemals helfen können?

Es vergingen einige Monate. Jäger hatten Fallen aufgestellt
und 5 verfing sich der Löwe, 6 nach Futter suchte,
in einem Netz. Er brüllte laut und versuchte sich zu befreien.
7 es gelang ihm nicht.
8 er ihnen nicht gefährlich werden konnte, warteten die Jäger
und ließen den Löwen brüllen.
Das hörte die kleine Maus. 9 sie ihr Versprechen einlösen wollte,
war sicherlich jetzt eine gute Gelegenheit.
Schnell lief die Maus zum Löwen, um zu sehen, wie sie 10 helfen könne.

11 sie den Löwen sah, der im Netz verfangen war, hatte sie eine Idee.
Sie nagte hier und dort an den Seilen und schnell war das Loch im Netz
groß genug und der Löwe war wieder frei.
12 konnte die kleine Maus am Ende dem großen Löwen helfen.

So 1

Einmal 4

Wenn 12

Aber 9

Vielleicht 3

Gerade 8

Als 6

Damit 2

ihm 10

eines Tages 5

weil 11

der 7

Der Sporttag

(Fragen zum Text)

Heute ist großer Sporttag in der Schule.

Alle Kinder sind ganz aufgeregt.

Sie dürfen verschiedene Sportarten ausprobieren.

In der Turnhalle können die Kinder Judo machen oder Ballett tanzen.

Lena und Dilek sind beim Judo. Das ist ganz schön anstrengend.

Ben probiert aus, ob er Ballett tanzen kann. Es gefällt ihm aber nicht.

Auf dem Schulhof versuchen die Kinder, auf dem kleinen Hügel Schi zu fahren.

Das macht viel Spaß, auch wenn es Schi auf Rollen sind.

Sara ist hingefallen, aber sie lacht dabei.

Der Schwimmverein hat ein kleines Schwimmbecken aufgebaut.

Darin kann man nicht schwimmen, aber man kann auf einem Computer sehen, wie man gut schwimmt.

Beim Basketballkorb ist viel los. Lian spielt mit den anderen Kindern.

Fußball spielen auch viele Kinder. In einer Mannschaft sind drei Jungen und drei Mädchen.

Richtig oder falsch?

1	In der Turnhalle können die Kinder Ballett tanzen.	richtig 3	falsch 4
2	In dem Schwimmbecken können die Kinder schwimmen.	richtig 10	falsch 11
3	Fußball spielen nur Mädchen.	richtig 7	falsch 8
4	Auf dem kleinen Hügel fahren die Kinder Schi.	richtig 4	falsch 10
5	Die Kinder können auf dem Schulhof Judo machen.	richtig 3	falsch 2
6	Lian spielt mit den anderen Kindern Basketball.	richtig 12	falsch 5
7	Ben gefällt das Balletttanzen nicht.	richtig 10	falsch 1
8	In dem kleinen Schwimmbecken schwimmen Bälle.	richtig 5	falsch 9
9	Sara ist hingefallen und weint.	richtig 8	falsch 7
10	Die Schi haben Rollen.	richtig 9	falsch 6
11	Lena und Dilek spielen Basketball.	richtig 4	falsch 1
12	Am Computer kann man sehen, wie man gut schwimmt.	richtig 6	falsch 2

Die Bundesrepublik Deutschland

Richtig oder falsch?

1	Deutschland hat 20 Bundesländer.	richtig 12	falsch 7
2	Berlin ist die Hauptstadt der Bundesrepublik Deutschland	richtig 10	falsch 9
3	Baden-Württemberg grenzt im Osten an Bayern.	richtig 12	falsch 2
4	Nord- und Ostsee sind im Süden.	richtig 8	falsch 2
5	Frankfurt ist die Hauptstadt von Hessen.	richtig 10	falsch 6
6	Die Donau fließt in Baden-Württemberg und Bayern.	richtig 9	falsch 5
7	Sachsen liegt im Norden.	richtig 11	falsch 8
8	Die Landeshauptstadt von Niedersachsen ist Hannover.	richtig 4	falsch 10
9	Hamburg ist ein Stadtstaat.	richtig 5	falsch 7
10	Hamburg liegt an der Elbe.	richtig 1	falsch 6
11	Die Donau fließt durch Köln.	richtig 2	falsch 11
12	Das nördlichste Bundesland ist Schleswig-Holstein.	richtig 3	falsch 4